국가는
회사가
아니다

〈하버드 비즈니스 리뷰 클래식〉 시리즈

1922년부터 시작한 〈하버드 비즈니스 리뷰Harvard Business Review〉는 경영 현장에서 획기적인 아이디어를 적용시키는 데 주요한 역할을 해왔다. 오늘날에도 여전히 시리즈 중 많은 책들이 회자가 되고 있고, 많은 영향을 미치고 있다.

특히 〈하버드 비즈니스 리뷰 클래식Harvard Business Review CLASSICS〉 시리즈는 지금도 비즈니스에 주요한 작품들을 꾸준히 펴냄으로써, 경영자가 경영을 하는 데 참고 자료로 삼을 수 있게 하였다. 마치 도서관과 같은 역할을 하고 있는 셈이다.

시리즈 각각의 책들이 담고 있는 혁신적인 아이디어는 전 세계의 셀 수 없이 많은 경영자들이 모범적인 경영을 할 수 있게 도왔고, 영감을 주었다. 또한 지금도 여전히 비즈니스 세계에 대한 당신의 생각에 변화를 일으키고 있다.

Sb
smart business

차 례

A Country Is Not a Company

국가는 회사가 아니다

사업에 뛰어들려고 계획하는 대학생들이 경제학을 전공하는 경우가 있다. 그러나 강의실에서 배운 것을 그대로 사업에 써먹게 되리라고 생각하는 학생은 얼마 되지 않는다.

학생들은 근본적인 진리를 터득한다. 즉 "경제학을 공부하는 과정에서 배운 것이 사업을 운영하는 데 도움이 되지 않는다."는 것이다.

그러나 그 반대의 경우 역시 마찬가지다. 기업을 운영하면서 터득한 것이, 국가 경제의 정책을 수립하는 데 도움이 되지 않는다.

국가는 회사가 아니다. 뛰어난 기업가를 만드는 기질들이 있지만, 일반적으로 그것은 뛰어난 경제 분석가가 되는 기질과는 다르다. 예컨대 10억 달러를 벌어들이는 기업가가 6조 달러 규모의 국가 경제에 대해 조언하기에 적절한 사람인 경우는 좀처럼 보기 드문 일이다.[1]

굳이 왜 이런 지적을 해야 하지?

결국 기업가는 물론 경제학자들도 대개가 아주 훌륭한 시인들은 아니라는 말인데, 하지만 그래서 어떻

역주 1. 크루그먼 교수는 국가와 기업의 차이를 이렇게 한 마디로 정리하고 있다. 아무리 큰 기업을 운영하더라도 비즈니스에서 얻은 경험은 국가 경제를 운영하는 전체 측면에서 보면 지극히 작은 규모이며 아주 좁은 한 분야에 지나지 않는다.
아무리 거대한 기업도 하나의 기업일 뿐이다. 그리고 한마디로 말하면, 국가는 기업이 아니다. 그렇기 때문에 뛰어난 기업가가 되는 기질은 뛰어난 경제 분석가가 되는 기질과는 다를 수밖에 없다는 것이다.

다는 것인가?

그러면서 여전히 많은 사람들은 (적어도 성공한 기업가들 스스로는 그렇게 생각하지 않더라도) 성공한 기업가가 국가 전체를 더욱더 번영하게 만드는 방법을 알고 있으

리라 생각한다. 그러나 그들의 그릇된 조언으로 국가 경제가 비참하게 파멸을 초래하기도 한다.

나는 기업가들이 어리석다거나 혹은 경제학자들이 특별히 똑똑하다고 주장하는 것은 아니다. 오히려 미국의 100대 기업 경영자들과 대표적인 경제학자 100명이 같은 공간에 있다면, 경영자 그룹의 가장 처지는 사람조차 경제학자 그룹에서 가장 대단한 사람보다 눈에 띄게 빛이 날 것이다.

나의 요점은 경제 분석에 필요한 사고방식이 기업을 성공에 이르게 하는 것과 매우 다르다는 점이다. 그 차이를 이해하게 되면, 우리는 경제 분석을 잘한다는 것이 어떤 의미인지를 이해하기 시작한다.

심지어 일부 기업가들이 훌륭한 경제학자가 되는데도 도움을 줄 수 있다. 그들 가운데는 확실히 경제학자가 될 수 있는 지적 능력을 지닌 사람도 있다.

아무튼 기업가들이 일반적으로 이해하지 못하고 있는 두 가지 경제 문제를 예로 들어보겠다.

첫째는 수출과 일자리 창출의 관계이고, 둘째는 외국인 투자와 무역수지 사이의 관계다. 두 가지 문제 모두 국제무역과 관련이 깊다.

이 부분은 내가 가장 잘 아는 분야다. 그러나 이것을 예로 든 이유는, 특히 기업가들이 국가 경제와 기업 간의 관계에 있어서 그 차이를 이해하지 못하기 때문이다.

“

국가 경제와 비즈니스는

동일한 주제가 아니다.

어느 한 쪽의 전문가가

다른 한 쪽의 전문가가 되기는커녕

이해하는 것도 장담하지 못한다.

성공한 기업가가

군사 전략가가 될 가능성보다

경제 전문가가 될 가능성은 더욱 없다.

”

수출과 일자리

기업가들은 오랫동안 국제무역과 국내 일자리 창출의 관계에 대해 두 가지를 잘못 이해하고 있다. 하나는 대부분의 기업가들은 자유무역을 지지하기 때문에, 세계의 무역 확대가 세계의 고용에 유익할 것이라는 데 동의한다.

특히 그들은 관세 및 무역에 관한 일반 협정General

Agreement on Tariffs and Trade과 같은 최근에 체결된 자유무역협정FTA들이 세계적으로 더 많은 일자리를 만들 것이라고 믿고, 이는 세계 경제를 위해 아주 유익한 일이라고 생각한다. 다른 하나는 기업가들은 국가들이 그런 '일자리를 차지하기 위해서' 경쟁하고 있다고 믿는 경향이다.[2]

역주 2. 여기서부터 크루그먼 교수는 기업가들이 이해하지 못하는 경제 문제들에 대해 구체적인 사례들을 들고 있다.

그 첫째가 수출이 증가하면 일자리가 늘어나는가의 문제다. 대부분의 기업가들은 자유무역의 확대가 일자리 창출에 좋은 기회를 제공해줄 것이라고 믿는다. 또한 국가가 이를 위해 노력해야 한다고 주장한다. 수출이 증가하면 일자리가 늘어나기 때문이라는 것이다.
하지만 이는 기업가들뿐만 아니라 이 주장을 지지하는 사람들이 빠져 있는 '착각'이다. 크루그먼 교수는 몇 가지 이유를 들어 차례차례 지적하고 있다.

예컨대 미국이 수출을 더 많이 할수록 더 많은 사람을 고용할 수 있다는 게 그들의 생각이다. 그리고 수입을 더 많이 할수록 유효한 일자리가 줄어들 것이라는 입장이다.

이 견해에 따르면 미국은 자유무역을 해야 할 뿐만 아니라, 자유무역이 만들어내는 일자리의 큰 몫을 차지하기 위해 수입을 안 해도 될 만한 충분한 경쟁력도 함께 가지고 있어야 한다.

그런데 이런 제안들이 합리적인 것일까?

물론 그들은 그렇다고 말한다. 이런 종류의 수사학이 지금까지의 미국 대통령 선거를 지배했고, 다가오는 선거에서도 다시 듣게 될 것 같다.

그러나 일반적으로 경제학자들은 자유무역이 세계적으로 더 많은 일자리를 만들 것이라고 생각하지 않는다. (또는 그 혜택이 새로운 일자리 창출의 측면으로 이어지게 된다거나) 또는 매우 성공적인 수출로 무역 흑자를 내고 있는 국가가 무역 적자를 기록하는 국가들보다 실업률이 더 낮을 것이라고도 생각하지 않는다.

왜 경제학자들은 기업가들에게는 상식처럼 들리는 주장에 동의하지 않는 것일까?

기업가들은 자유무역이 세계적으로 일자리를 더 많이 만들어낼 것이라는 확고한 그들의 생각에 변함이 없다. 더 많은 무역은 더 많은 수출을 의미하고, 더 많은 수출은 수출과 관련된 더 많은 일자리로 이어진다는 것이다.

그러나 이 주장에는 하나의 문제가 있다. 왜냐하면 한 나라의 수출은 다른 나라의 수입을 의미하기 때문이다. 어떤 나라가 수출로 벌어들이는 달러는 어떤 국가에서는 국내 상품에 소비해야 할 달러가 그만큼의 수입 상품으로 소비가 옮겨져, 지출되는 달러와 일치하게 된다. 이는 수학적으로 필연적이다.

자유무역이 세계의 총 지출을 증가시킬 것이라고 생

각할 만한 몇 가지 이유가 새로 발생하지 않는 한 –그러나 이는 필연적인 현상이 아니다– 전 세계적인 수요의 총량은 바뀌지 않는다.[3]

역주 3. 이것이 바로 수출이 증가해도 일자리가 늘어나지 않는 첫 번째 이유다. 한 나라의 수출은 다른 나라의 수입을 의미한다. 산술적으로 계산하면 수출품에서 얻은 달러는 다른 나라가 내수품 소비를 수입품으로 전환하여 지출하는 각각의 달러와 같다.

그래서 세계의 총 지출이 증가하지 않고서는 수출이 세계의 일자리를 증가시킬 것이라는 주장은 무의미하다. 예컨대 수입 자동차나 휴대폰을 구매한 사람들이 국내 자동차나 휴대폰을 1대씩 더 사거나, 인구가 급격히 늘어나지 않고서는 세계의 수요량이 갑자기 늘어날 수는 없다는 것이다.

산술적으로만 보아도 이런 사실은 명백하다. 그 외에도 무언가 일자리 수를 전체적으로 제한시키고 있는 다른 문제들이 존재한다.

단순히 상품에 대한 수요가 불충분한 것만이 문제가 될까?

아주 단기적인 측면을 제외한다면, 그 문제 때문만은 아니다. 일반적인 예상과는 달리 수요를 증가시키는 것은 어렵지 않다. 연방준비제도는 마음대로 많은 돈을 발행할 수 있고, 실제로 원할 때마다 경제 활성화를 위해 그 능력을 반복적으로 보여 왔다.

그렇다면 왜 연방준비제도는 항상 경제 호황을 유지시키려고 노력하지 않을까?

여기에는 이유가 있다. '그렇게 하면 —지나치게 많은 일자리를 만들어내면— 그 결과로 감당할 수 없는 인플레이션이 가속화될 것'이라고 믿기 때문이다.

다시 말해서 미국에서 일자리 수가 제약받는 것은 수출 또는 다른 원인으로 인해 수요를 일으킬 수 있느냐와 같은 미국 경제의 능력 문제가 아니다. 연방준비제도가 생각하는 실업은 국가의 경제 정책이 인플레이션을 통제하기 위한 하나의 수단으로써 필요하다는 것이다.[4]

역주 4. 이것이 수출이 증가해도 일자리가 늘어나지 않는 두 번째 이유다. 연방준비제도는 의도적으로 실업을 방치하고 있는 셈이다. 그들은 인플레이션을 통제 하에 두기 위해서 실업이 반드시 필요하다고 생각한다.
만약 일자리 수가 많이 늘어나면 인플레이션이 발생한다는 이들의 주장이 사실이라면, 이는 자본주의가 안고 있는 태생적인 모순을 인정하는 셈이다.

이는 막연한 지적이 아니다. 1994년, 그해에 연방준비제도는 금리를 7차례나 올렸다. 경제 활성화가 너무 많은 일자리를 만들어, 경제가 과열되어 인플레이션으로 이어질 것을 우려했기 때문이다. 그리고 경제 호황을 냉각시키기 위해 그렇게 했다는 사실을 숨기지 않았다.

무역이 고용에 미치는 효과가 무엇을 의미하는지

생각해보라. 미국 경제가 수출이 급증하게 될 것이라고 가정해보자.

예를 들어 미국이 중국의 강제노동에 대해 반대하는 입장을 철회하고, 그 대신에 중국이 2천억 달러 가치의 미국 상품을 구입하기로 합의했다고 가정하자.

연방준비제도가 어떻게 할 것 같은가?

금리를 인상함으로써 수출의 신장 효과를 상쇄할 것이다.

따라서 수출 관련 일자리의 증가는, 결국 건설 분야 같이 금리에 민감한 경제 분야에서의 일자리 감소와 일치함으로써 상쇄될 것이다. 반대로 수입이 급증하는 상황이 발생한다면, 연방준비제도는 틀림없이 금리를 낮추는 방법으로 수입 증가에 대응할 것이다.

그 결과 수입품과의 경쟁으로 인해 직접적으로 타격을 받은 분야의 일자리 감소는 다른 분야의 일자리 수를 증가시킴으로써 대략 일치하게 된다.

우리가 '자유무역을 통해 수출이 증가한 만큼 항상 정확하게 다른 나라들의 수입이 증가한다는 점'을 무시하더라도, 자유무역으로 인해 미국 내 고용이 증가할 것으로 예상할 만한 근거는 여전히 없다. 수출 진흥과 같은 다른 무역 정책도 일자리의 총량을 증대시킬 것이라 기대해서는 안 된다.

예컨대 미국의 상무장관이 기업들을 위해 수십억 달러를 수주받아 해외여행에서 돌아올 때, 그가 수출과 관련된 수천 개의 일자리를 만드는 역할을 할 수도 있고 그렇지 않을 수도 있다.

그러나 출장의 결과로 일자리가 만들어진다고 하더라도, 그는 또 다른 경제 분야에서 똑같은 수의 일자리를 파괴하는 역할을 한 것이다. 수출을 증가시키거나 수입을 감소시키는 미국 경제의 이런 능력은 본질적으로 일자리 창출과는 아무런 상관이 없다.

말할 필요도 없이, 이러한 주장은 기업가들에게는 잘 받아들여지지 않는다. (내가 어느 토론회에서 패널로 참가하여 북미자유무역협정이 미국의 일자리 총수에는 긍정적이든 부정적이든 영향을 미치지 않는다고 주장하자, 패널 중 한 사람이 ―NAFTA 지지자― 화를 내면서 "왜 사람들이 경제학자들을 싫어하는지 그 이유를 보여주는 것 같다!"는 반응을 보였다.)

수출 증가로 생긴 일자리 혹은 수입 증가로 인한 일자리 감소는 분명히 실재한다. 당신은 실제로 외국인들이 구매하는 수출 상품을 만들기 위해 늘어나는 노동자들을 볼 수 있으며, 수입 증가로 인해 공장이 문을 닫아 일자리를 잃은 노동자들도 볼 수 있다.

경제학자들이 말하는 이와 다른 효과들은 부질없는 짓이다. 그런데 아직도 당신이 연방준비제도가 실업을 방치하지 않고, 일자리 창출에 대한 목표를 가지고 있고, 그것을 달성할 수 있는 수단까지 가지고 있다고 생각한다.

그렇다면 더더구나 당신은 수출과 수입에서의 변화가 전체 고용에는 영향을 거의 미치지 않는다는 결론을 내려야 한다.[5]

역주 5. 결론적으로 말하면 수출이 증가해도 일자리가 늘어나지 않는다. 한 나라의 수출은 다른 나라의 수입을 의미할 뿐만 아니라 자유무역이 확대되더라도 전 세계적인 수요는 늘어나지 않는다. 설사 수출이 증가하여 수출과 관련된 일자리를 만들어낸다고 하더라도 다른 경제 분야에서 **(수입의 증가로 일자리를 잃게 되는 것을 포함하여)** 그만큼의 일자리를 파괴하는 역할을 하는 것이다.

그렇지 않고 자유무역이 많은 일자리를 만들어내기 위해서는 수출은 하고 수입은 없어야 한다. 그러나 이것이 가능할까?

게다가 이런 사실 외에도 실업은 인플레이션을 통제 하에 두기 위해서 불가피하다고 생각하기 때문에, 결국 수출을 증가시키거나 또는 수입을 감소시키는 능력은 본질적으로 일자리 창출과는 아무런 상관이 없다.

투자와 무역수지

두 번째로 기업인들이 이해하지 못하는 국가 경제의 문제는 외국인 투자와 무역수지 사이의 관계다. 동시에 해외 투자는 기업가들의 고민이기도 하다.

수백 개의 다국적 기업이 어떤 국가를 제조 현장으로 이상적인 곳이라고 결정하고, 새로운 공장이나 시설을 짓기 위해 그 국가에 연간 수십억 달러를 쏟아붓기 시작했다고 가정해보자.

그 국가의 무역수지에 어떤 일이 벌어질까?

거의 모든 기업가들은 그 국가가 무역 흑자를 이루기 시작할 것이라고 생각한다. 그들은 그 국가가 반드시 대규모 무역 적자를 초래하게 될 것이라는 경제학자들의 말을 이해하지 못한다.[6]

역주 6. 기업가들이 이해하지 못하는 두 번째 경제 문제는 외자 유치가 많아지면 무역 흑자를 기록할 것인가의 문제다. 대다수의 기업가들은 무역 흑자를 이루는 데 좋은 기회를 제공해줄 것이라고 믿는다. 하지만 이는 기업가들뿐만 아니라 이를 지지하는 사람들이 빠져 있는 '착각'일 뿐, 오히려 필연적으로 무역 적자를 초래하게 된다.

기업가들이 어디에 근거를 두고 이런 대답을 하는지 쉽게 알 수 있다. 그들은 자신의 회사를 생각하면서, 자신들이 종사하는 산업 분야에서의 생산 능력이 불현듯 확장되면 무슨 일이 일어날지 묻는다.

분명히 자신들의 회사는 수입이 줄어들고 수출은 늘어날 것이다. 만약 똑같은 일이 여러 산업 분야에서 일어난다면, 이는 확실히 경제 전체가 무역수지 흑자로 돌아서는 것을 의미한다.[7]

역주 7. 대다수의 기업가들은 외자 유치가 무역 흑자를 이루게 될 것이라고 생각한다. 그들은 자신의 회사에 외자 유치로 자금이 들어오면 수출을 늘릴 수 있기 때문에, 이를 많은 기업으로 확대 적용하면 경제 전반에 무역 흑자를 이루게 될 것이라고 생각한다.
그래서 대다수 기업가들은 외자 유치를 선호한다. 이는 나무만 보고 숲을 보지 못하는 것이다. 즉 기업가는 국가 전체를 고려하지 않기 때문이다.

그러나 경제학자는 그 반대가 진실이라고 이야기 한다.

왜 그럴까?

무역수지는 국제수지의 일부이며,[8] 어떤 국가 전체의 국제수지는 **—외국에 판매한 총 매출과 외국으로부터 구매한 지출 간의 차이—** 항상 제로**0**임이 틀림없기 때문이다.[9]

역주 8. 국제수지balance of payments는 일반적으로 경상수지무역수지, 서비스수지, 소득수지, 경상이전수지 등와 자본수지로 구성된다. 일정 기간 동안 한 나라가 다른 나라와 행한 모든 경제적 거래를 말한다. 그 결과로 한 나라가 얻은 외화와 지불한 외화의 차액이 국제수지다.

모든 국제 거래는 복식부기의 원리에 따라 대차대조표의 대변과 차변에 국제적으로 통일된 기준에 의해 작성된다. 외국으로부터 외환이 들어오는 거래는 대변에, 외환이 외국으로 나가는 거래는 차변에 기록한다.

국제수지는 복식부기의 원칙에 의하여 작성되므로 항상 차변과 대변이 일치한다. 즉 국제수지표에 기록하는 모든 대외 거래를 통해 수취한 금액과 지불한 금액은 일치하게 된다. 따라서 국제수지는 항상 균형 상태를 유지해 국가 전체의 국제수지는 항상 제로0다. 물론 이러한 균형은 회계 상의 균형이다.

경제학에서의 국제수지의 균형은 회계학에서 말

하는 균형과는 다른 개념이다. 그렇다 하더라도 한 국가의 국제수지, 즉 수출과 수입은 균형을 이루는 것이 바람직하다. 수입이 수출보다 많으면 경기 위축을 초래하게 된다. 그 국가가 보유하는 외화가 고갈되고 필요한 재화를 수입할 수 없게 되어 경제가 파탄에 이를 수 있기 때문이다.

수출이 수입보다 많은 경우도 반드시 바람직하다고 볼 수 없다. 이는 통화량의 증대를 가져와 인플레이션을 초래하게 되고 경제 안정을 저해하게 되기 때문이다.

국제수지의 균형을 유지하려는 것은 단순히 외화를 벌어들이는 데 의의가 있는 것이 아니다. 필요한 외국의 소비재, 자본재, 원자재 등을 수입하여 그 벌어들인 외화를 적절하게 사용함으로써, 국민생활의 수준을 향상시키고 경제 발전에 도움이 되도록 하는 데 목적이 있기 때문이다.

저자 주석 9. 이 말에는 실제 두 개의 미세한 요건들이 있다. 그 중 하나는 무상 지원으로 알려진 '이전 거래unrequited transfers, 경상이전수지'가 포함되어 있다. 즉 선물, 해외 원조 그리고 기타 등등.
다른 하나는 '과거'의 투자로부터 얻은 수익과 이자소득수지를 포함시켜야 한다. 그렇다고 국제수지가 항상 제로라는 주요한 요점은 바뀌지 않는다.

물론 어떤 국가든 무역에서 적자 아니면 흑자가 발생하게 된다. 판매하는 것보다 외국으로부터 더 많은 상품을 사는 경우도 있고, 그 반대의 경우도 있다.

그러나 이러한 무역 불균형은 그에 해당하는 자본수지의 불균형과 항상 일치한다.[10]

역주 10. 자본수지balance of capital account는 한 나라의 대외 거래에서 상품이나 서비스 이동을 필요로 하지 않는 자본 이동을 나타낸다. 상품이나 서비스의 이동에 따른 수입과 지출을 표시한 경상수지즉 무역 및 서비스수지와 함께 국제수지를 이루는 요소다.

국제수지 중에서 한 나라의 자본의 유출은 자산의 증가, 유입은 자산의 감소로 계상된다. 외국 자본의 유입은 부채의 증가, 유출은 부채의 감소로 계상된다. 이 자본 거래에 의한 자산과 부채의 모든 변화를 가리켜 자본수지라고 한다.

한 나라의 자본 유출이 외국으로부터 유입되는 자본을 웃돌면 즉 자본수지가 마이너스이면 그 나라는 자본대부국資本貸付國이 되며, 자본수지가 플러스인 경우는 차입국借入國이 된다.

무역 적자가 발생하는 국가는 자산을 사들이는 것보다 더 많은 자산을 외국인에게 팔아야 한다. 그 결과 외국 자본이 유입되기 때문에 자본수지 흑자로 나타나고, 무역 흑자가 일어나는 국가는 순해외 투자를 하고 있어 자본을 수출하기 때문에 자본수지 적자를 나타낸다. 그러므로 무역의 불균형은 항상 그 만큼 자본수지의 불균형을 이루게 되어 서로 상쇄된다.

무역 적자가 발생하는 국가는 자산을 사들이는 것보다 더 많은 자산을 외국인에게 팔아 외국 자본을 들여오고 있음이 틀림없다. (이는 외국 자본이 유입되기 때문에 자본수지는 흑자로 나타난다.) 무역 흑자가 일어나는 국가는 순해외 투자를 하고 있음이 틀림없다. (이는 투자 자본이 밖으로 유출되기 때문에 자본수지는 적자를 나타낸다.)

예컨대 미국이 일본의 자동차를 구입하면, 그 대가로 무언가를 판매하고 있음이 틀림없다. 그것이 보잉 제트기일 수도 있지만, 록펠러 센터일 수도 있고 혹은 재무부의 단기채권일 수도 있다. 이러한 주장은 단지 경제학자들의 의견이 아니다. 회계 상 피할 수 없는 진리다.

국가가 외국인 투자를 많이 끌어들인다면 어떤 일이 벌어질까?

외국인 투자로 자본이 유입될 것이다. 또 어떤 일이 벌어질까?

자본이 유입된다면, 그 국가의 국민들이 해외에서 획득하는 자산보다 더 많은 자산을 외국인들이 취득하고 있는 것이다.

그러나 순전히 회계 상의 문제로만 보더라도, 그것은 동시에 그 국가의 수입이 수출을 초과하게 된다

는 사실을 의미한다. 대규모 자본을 끌어들이는 국가에서는 반드시 무역 적자가 일어나게 된다.[11]

> 역주 11. 자본을 끌어들인다는 의미는 자본이 유입된다는 뜻이고, 이는 자본수지가 흑자를 이룬다는 것이다. 이는 회계 상으로만 보더라도, 필연적으로 그에 상응하는 무역 적자가 일어나게 된다는 의미다.

단지 회계 상 그렇다는 것이다. 투자로 인한 자본이 유입되면 실제로 현장에서는 어떤 일이 벌어질까?

기업들이 공장을 건설할 때, 그들은 유입된 자본 중 일부를 수입 장비를 구매하는 데 사용할 것이다. 그리고 나머지 자본을 사용하여 국내의 경기 부양을 촉발시킨다. 그로 인해 수입의 수요가 급증하게 된다.

만약 국가가 변동 환율을 운영한다면, 투자 유치가 통화의 가치를 오르게 할 수 있다. 국가의 환율이 고정되어 있는 경우라면 어떨까?

통화량의 팽창으로 화폐 가치가 떨어지고 물가가 올라 인플레이션이 일어날 수 있다.

두 시나리오 모두 그 국가의 상품에 대한 가격을 터무니없이 높게 매겨 수출 시장에서 배척당하고, 결과적으로 수입을 증가시킨다. 어떤 경제 체계이든, 무역수지에 대한 결과는 의심할 여지가 없다. 자본 유입은 무역 적자로 이어지게 된다.[12]

역주 12. 외국인 투자가 유입되면, 그 과정에서 수입이 늘어나게 된다. 통화 가치가 치솟든 혹은 물가가 오르든 수출이 줄고 수입이 늘어나 무역 적자로 이어질 수밖에 없다는 것이다. 크루그먼 교수는 대표적으로 멕시코의 예를 들고 있다.

예를 들면, 멕시코의 최근 역사를 살펴보자. 1980년대, 누구도 멕시코에 투자하려 하지 않았고 멕시코는 무역 흑자를 유지했다. 1989년 이후, 멕시코에 대한 낙관적인 전망이 대두되면서 외국인 투자가 쏟아졌다.

투자금 중 일부는 멕시코의 새로운 공장들에 사용할 수입 장비를 구입하는 데 사용되었다. 나머지는 멕시코 국내의 경기 부양을 일으키는 데 소요되었다.

이로 인해 수입이 폭발적으로 늘어나면서 페소화의 가치가 급작스럽게 과대평가되는 원인이 되었다.

수출은 둔화되었고, 많은 멕시코 소비자들이 수입 상품을 구매하는 결과를 낳았다. 결과적으로 대규모 자본 유입은 대규모 무역 적자와 정확하게 일치했다.[13]

역주 13. 1989년 이후, 멕시코에 외국인 투자가 쏟아졌다. 이 과정에서 수입이 늘어나고 페소화의 가치가 치솟으면서, 수출이 줄어들었다. 그로 인해 멕시코의 많은 소비자들이 수입 상품을 구입하면서 막대한 무역 적자를 가져왔다. 결과적으로 대규모 자본 유입은 대규모 무역 적자와 정확하게 일치했다.

그후 1994년 12월 페소화에 위기가 닥쳤다. 더 이상 투자자들이 멕시코로 들어오는 것이 아니라 오히려 빠져나가기 위해 노력했고, 시나리오는 완전히 반대 방향으로 달렸다. 다시 페소화의 가치가 절하되었다. 그러자 침체하는 경제가 수입에 대한 수요를 감소시켰다.

한편 멕시코의 수출은 통화 약세에 힘입어 증가했다. 어떤 경제학자가 예측했듯이, 멕시코에 대한 외국인 투자의 붕괴는 멕시코의 무역을 그 반대로 움직이게 함으로써 흑자로 돌아서게 했다.

수출이 증가하더라도 고용이 더 늘어나지 않는다는 사실에서 알 수 있듯이, 외국인 투자를 유치하는 국가에서는 필연적으로 무역 적자가 발생할 수밖에 없다. 이러한 눈에 보이는 구체적인 현상도 기업을 운영하는 사람들에게는 별로 먹히지 않는다.

기업가들은 외국인 투자가 무역수지를 악화시키는 구체적인 상황들을 보고서도 미심쩍어 한다.

정말로 수입 장비에 그렇게 많은 돈을 지출할까?

통화 가치가 오르리라는 것을 어떻게 알까?

혹은 그런 식으로 통화가 변화할 경우, 수출이 감소하고 수입이 증가하리라는 것을 어떻게 알까?

이런 회의적인 태도의 근본적인 원인은 기업가들이 회계의 힘을 이해하지 못하기 때문이다. 이는 자본의 유입은 반드시 —일지도 모른다가 아니라— 무역 적자를 동반하게 된다는 사실이다.

각각의 예에서 보았듯이, 경제학자들의 주장이 옳고 기업가들의 생각이 잘못이라는 것은 의심할 여지가 없다.

그런데 왜 기업가들은 경제학자들이 알고 있는 명백한 주장들을 믿기 어려워할까?

심지어 직관적으로 어긋난 것으로 여길까?

이 질문에 대한 두 가지 답이 있다.

첫째, 경제학자들의 주장에 기저를 이루고 있는 원리들을 기업가들이 비즈니스를 하면서 겪는 경험으로는 이해하지 못한다는 것이다.

둘째, 개개인이 경험하는 사업에서 일어나는 피드

백은 그 종류가 경제 전체에서 일어나는 전형적인 피드백과 전혀 다를 뿐만 아니라 훨씬 더 미약하다는 것이다.[14] **이 답변들을 차례대로 분석해보겠다.**

역주 14. 이 책 뒤 부분에서 다루겠지만, 기업의 세계는 개방적이고 국가의 경제는 폐쇄적이다. 또한 기업 경영과 국가 경제 운영의 차이점은 '피드백'에서도 극명하게 드러난다.

개방적인 기업 세계에서의 피드백은 대체로 미약하고 불확실하다. 하지만 폐쇄적인 국가 경제 세계에서의 피드백은 매우 강력하고 확실한 편이다. 그리고 기업 세계의 피드백은 대체로 긍정적이지만, 국가 경제 세계에서는 대체로 부정적인 편이다.

마비된 지네의 우화

가끔씩 매우 성공적인 기업가가 자신이 터득한 것에 대해 책을 쓴다. 이런 책들 가운데 일부는 회고록이다. 그들은 개인적 성공을 통해 자신의 경력을 이야기한다. 그 외의 책들은 성공의 바탕이 되는 원리들을 설명하기 위해 야심차게 노력한 것들이다.

거의 예외 없이, 첫 번째 종류의 책이 두 번째 종류

의 책보다 훨씬 더 성공을 거둔다. 실제 판매뿐만 아니라 성공에 대해 진지하게 탐구하는 사람들 사이에서도 그것은 인정된다.

왜 그럴까?

기업의 리더는 회사의 일반적인 이론을 개발하는 과정에서 사업적 성공을 이룬 것이 아니라, 특정 상품의 전략이나 조직의 혁신을 찾아냄으로써 성공한 것이기 때문이다.

하지만 두 번째 종류의 책들은 기업가들의 성공 요인을 제대로 밝혀내지 못한다. 보기 드물게 소수의 기업가들만이 성공의 바탕이 되는 원리들을 체계적으로 정리하지만, 거의 이런 책들은 항상 실망스럽다.

조지 소로스의 책은 독자들에게 어떻게 해야 또 다른 조지 소로스가 될 수 있을지에 대해서는 별로 말해주지 않는다. 또 많은 사람들이 워런 버핏이 실제로는 워런 버핏이 쓴 책대로 투자하지 않는다고 지적해왔다.

결국 금융의 귀재들은 금융 시장의 일반적인 원칙을 명확히 밝혀 내는 것을 통해서가 아니라 다른 사람들보다 아주 특별한 기회를 조금 더 빠르게 알아차림으로써 부를 만든 것이다.

사실 성공한 기업가들은 그들이 이룬 성공을 일련의 원리들로 짜 맞춰 공식화하기 위해 가끔 책을 집필한다. 하지만 이러한 행위는 그들 자신에게도 이롭지 못하다. 그들이 이전에 이룩한 성공은 직관과 혁신에 대한 의지를 기반으로 하고 있기 때문이다.

반면에 공식화된 성공 원리들을 체계화하려고 쓴 책을 출간한 기업가는 성공에 법칙이 정해져 있다고 생각하듯이 행동한다.

100개의 다리를 조정하는 방법에 대한 질문을 받은 지네에 대한 오래된 농담 하나가 생각난다. 지네가 다리에 대해 생각하기 시작하자, 다시는 제대로 걸을 수 없었다.[15]

역주 15. 지네의 우화는 이렇다. 함께 길을 가던 아들 지네가 아빠에게 물었다. "아빠, 제가 보니 아빠의 스물다섯 번째의 다리가 땅에 닿고 나서 서른일곱 번째 다리가 땅에 닿더군요. 서른일곱 번째 다리다음에는 어떤 다리가 땅에 닿지요?" 아빠 지네는 아들의 질문에 곰곰이 생각했다. 그리고 그후로 다시는 걸을 수 없게 되었다.

크루그먼 교수는 이를 '마비된 지네의 우화'에 비유한다. 마치 100개의 다리를 가진 지네가 원리를 생각하지 않을 때는 마음대로 다리를 조정했지만, 어떻게 그 많은 다리를 마음대로 다루는지에 대한 질문을 받고 그 원리를 고민하다가 다시는 제대로 걸을 수 없게 되었다는 이야기다.

하지만 성공한 기업가들이 자신이 이룬 성공을 일반적인 이론으로 공식화하는 데 서투르거나 혹은 제대로 설명하지 못하더라도, 여전히 기업을 경영하면서 기회를 포착하고 문제를 해결하는 능력이 국가 경제에도 적용될 수 있다고 믿는다.

그렇다 하더라도 어쨌든 미국의 대통령이 경제 고문들로부터 필요로 하는 것은 그들의 책이 아니라, 다음에 무엇을 해야 할지에 대한 올바른 조언이다.

그런데 왜 기업을 경영하면서 지속적으로 좋은 판단을 보여준 사람이더라도 대통령에게 국가를 경영하는 데 좋은 조언을 해줄 가능성은 없는 걸까?

간단히 말해서, 국가는 회사가 아니다.

아무리 큰 기업이라 할지라도, 그 기업과 국가 경제 사이의 복잡성 차이를 기업가들은 파악하지 못한다. 미국 경제는 1억 2천만 명을 고용하고 있다. 이는 미국에서 가장 많은 직원을 고용하고 있는 제너럴모터스보다 200배가 넘는다.

하지만 기업과 국가 경제 사이의 복잡성 차이로 보면 200 대 1의 비율도 미미한 수준에 불과하다.

수학자의 말을 빌리면, 큰 집단의 구성원들 사이에 잠재되어 있는 상호 작용의 수는 제곱에 비례한다. 쉽게 말해서, 어떤 의미에서 미국 경제는 미국 내 가장 큰 기업보다 수백 배가 아니라 수천 수만 배 더 복잡하다.

심지어 아무리 큰 대기업들조차도 폭넓은 다양성을 갖추고 있지 않다는 느낌이 드는 게 사실이다. 대부분의 기업들이 핵심 역량 중심으로 구축되어 있다. 즉 특정 기술이나 특정한 유형의 시장을 중심으로 접근하는 것이다.

그 결과 겉으로 서로 다른 많은 사업을 하고 있는 것처럼 보이는 거대한 기업도 실은 중점 사업으로 통일되는 경향이 있다.

그에 비해 미국의 국가 경제는 수천 수만 개의 완전히 개별적인 분야의 기업들로 이루어져 있다. 궁극적으로는 아주 끔찍할 정도로 거대한 복합체다. 단지 한 나라의 국경 안에 있다는 이유만으로 결합되어 있을 뿐이다.

밀 재배에 성공한 농부의 경험은 컴퓨터 산업에서 이용할 만한 통찰력을 제공하지 못하고, 컴퓨터 산업에서의 경험은 레스토랑 체인점을 성공시키는 전략에 좋은 가이드가 되지 못한다.[16]

역주 16. 국가 경제는 수많은 종류의 기업들이 같은 국경 안에 있다는 이유만으로 결합되어 있는 거대한 집단이다. 감자 재배에 성공한 농부의 경험이 항공 산업에서의 성공에 별로 기여하지 못하며, 항공 산업에서의 경험은 컴퓨터 그래픽 산업을 성공적으로 운영하는 전략을 세우는 데 그리 좋은 가이드가 되지 못한다.
그렇다면 이런 복잡한 국가 경제를 어떻게 관리할 수 있을까? 크루그먼 교수는 이에 대해 아주 명확하게 말한다.

그렇다면 이렇게 복잡한 국가 경제를 어떻게 관리할 수 있을까?

국가 경제는 특별한 전략보다는 일반적인 원칙을 바탕으로 운영되어져야 한다.

세금 정책을 예를 들어 생각해보자. 책임 있는 정부라면 특정 개인이나 기업만을 대상으로 세금을 부과하거나, 반대로 특별한 세금 혜택을 제공하지 않는다.

사실 정부가 특정 산업을 장려하거나 억제하기 위해 새로운 조세 정책을 세우는 것도 아주 드문 경우를 빼고는 좋은 방법이 아니다.

지난 수년간 재정 전문가들은 광범위한 원칙에 따라 세금 제도를 개발해왔다. 예를 들면 대안 투자[17]들 간의 중립, 낮은 세율, 그리고 현재와 미래의 소비 차이를 최소화하는 것이다. 이런 기본적인 대원칙들을 따라왔다.

역주 17. 주식이나 채권을 제외한 다양한 자산에 투자하는 것을 말한다. 금이나 은과 같은 귀금속, 예술품, 와인, 골동품, 동전, 우표 등의 유형 자산을 포함하여 프라이빗에쿼티private equity, 부실채권distressed securities, 헤지 펀드 및 파생금융상품 같은 금융 자산 외에도 곡물, 원자재, 탄소배출권, 벤처캐피탈, 영화 등에 대한 투자를 말한다.
이를 대안 투자라고도 한다. 이중 가장 보편화된 대안 투자는 고전적인 방식에도 불구하고 여전히 금과 부동산이 차지하고 있다.

왜 기업가들에게는 기본적인 원리를 따르는 게 문제가 될까?

그들에게도 기업을 건전하게 경영하는 데 바탕을 이루는 여러 가지 일반적인 원리들이 —일관성 있는 회계, 명확한 책임 라인, 기타 등등— 존재한다.

그런데도 많은 기업가들은 비교적 일반적인 원리들을 따르려는 현명한 경제 정책 입안자들에게 거부감을 갖는다.

기업가들은 주도적인 역할을 하려는 성향이 강하다. 그런 성향 때문에 기업가들은 국가 경제를 위해서 일반적인 원리들을 따르려는 접근 방법이 —그리고 필요한 것을 줄이는 게— 오히려 더 어렵다는 사실을 깨닫지 못한다.

이런 문제로 고민한다고 가정해보자. 회사의 비전을 위해 어떤 사업 분야에 진출해야 할까?

무책임한 CEO가 아니라면 당연히 미래의 비즈니스 세계에서 어떤 새로운 분야가 핵심이 될지를 진지하게 고민할 것이다. 독립적으로 수익 모델을 운영하는 개발 매니저에게 전적으로 투자 결정을 맡긴 CEO가 아니라면 말이다.

정부도 마찬가지다. 주요 산업의 목록을 작성하고, 이 가운데 어떤 특정 산업을 결정하고, 그다음에 이를 적극적으로 추진한다.

하지만 특정 산업을 대상으로 삼아서는 안 된다는 경제 전문가들의 이론적 주장은 제쳐두고라도, 정부가 중요할 것 같다고 판단한 산업이 사실 최악의 실적을 초래한 경우가 비일비재하다.

각각의 시기마다, 즉 철강, 원자력, 합성 연료, 반도체 메모리, 그리고 5세대 컴퓨터가 미래의 물결이었을 때마다 정부도 나름 확신을 가진 것들이 있었다.

물론 기업도 실수를 하지만, 그들은 정부처럼 그렇게 낮은 타율을 기록하지는 않았다. 왜냐하면 기업가들은 자신들의 산업에 대한 상세한 지식과 느낌을 가지고 있는데 반해, 국가 경제만큼 복잡한 시스템에서는 그에 맞는 지식과 느낌을 —그가 얼마나 스마트한 것과는 상관없이— 아무도 가질 수 없기 때문이다.

여전히 국가 경제를 관리하는 가장 좋은 방법은 대부분 비슷하다. 좋은 프레임워크, 즉 기본적인 시스템을 설정하는 것부터 이루어진다. 그런 다음 스스로 작동하도록 내버려두는 것이다.

하지만 이런 방법이 기업가들에게 쉽게 이해가 되지 않는 것은, 로스 페로가 말했듯이 그들은 본능적으로 "뚜껑을 열고 엔진을 작동시켜야 한다."는 생각이 지배하기 때문이다.

“

10억 달러를 벌어들이는 기업가가

6조 달러 규모의 국가 경제에 대해

조언을 하기에 적절한 사람인 경우는

좀처럼 보기 드문 일이다.

기업에서의 성공 경험은

국가 경제를 운영하는

전체 측면에서 보면

지극히 좁은 한 부분을 나타낼 뿐이다.

”

다시
학교로 돌아가기

과학의 세계에서 '위대한 사람의 질병'great man's disease으로 알려진 '위대병' 증후군이 종종 발생한다. 이는 한 분야에서 유명한 권위자가 자신이 이해하지 못하는 다른 분야에 대해서도 강력하게 의견을 개진하는 것이다. 마치 화학자가 의학의 전문가인양 결정한다거나 혹은 물리학자가 인지과학의 전문가인양 결정하는 것이다.

똑같은 증후군이 일부 성공한 기업가들에게서도 자주 나타난다. 국가 경제에 대한 조언을 요구받는 경우다.

하지만 그들은 국가 경제와 자신들의 사업이 전혀 다른 분야임을 이해하지 못한다. 그래서 국가 경제에 대해 자신의 의견을 주장하기 전에 학교로 돌아가 다시 배워야 한다. 하지만 이를 받아들이지 않는다.

경제를 이끌어 가는 사람이 따라야 하는 일반적인 원리들은 비즈니스에 적용하는 일반적인 원리들과 다르다. —더 이해하기 어려운 것이 아니라, 다르다.—

기업 회계에 완전히 익숙해져 있는 기업가가 서로 다른 여러 가지 것들을 측정하고 다른 개념을 사용하는 국민소득계정을 읽는 방법을 저절로 알 수 없다. 인사관리와 노동법은 같은 것이 아니다. 기업의 재무관리와 통화 정책 역시 다르다.

비즈니스 세계에서는 아무리 최고경영자라 하더라도 경제를 관리하거나 전문가가 되기를 원한다면 새로운 어휘와 일련의 개념들을 배워야 하고, 또 일부는 불가피하게 수학을 배워야 한다.[18]

역주 18. 인사관리와 노동법은 다른 가치를 지향한다. 기업의 재무관리와 통화 정책 역시 다르다. 그리고 아무리 기업 회계를 잘 알고 있는 기업가이더라도 이를 적용해 국민소득계정을 제대로 읽어 내기는 어렵다. 최고경영자에게는 환율, 물가 등은 별로 중요한 요소가 아니다. 그러나 국가 경제 운영자는 전체 자본의 흐름을 이해해야 한다.
크루그먼 교수는 이런 차이점을 이해하지 못하면

한 분야의 권위자가 자기가 알지도 못하는 다른 분야에 대해 강력한 주장을 펼치는 '위대병'의 오류에 빠지게 된다고 지적한다.

비즈니스 세계에서, 특히 아주 성공한 기업가는 이를 받아들이려 하지 않는다. 수십억 달러의 기업을 운영하면서 거대한 산업의 복잡성까지 통달한 사람이 있다고 가정해보자.

이런 성공한 기업가에게 국가 경제에 대한 조언을 구하는 것은 어쩌면 당연할지도 모른다.

하지만 그 기업가가 대학교 경제학 과정에 포함되어 있는 자료들을 검토하기 위해서 기꺼이 시간을 내기로 결심할 것 같은가?

아니면 오히려 사업 경험이 충분할 뿐만 아니라 그 이상이고, 경제학자들이 사용하는 생소한 단어와 개념들은 허세를 부리는 용어에 불과할 뿐이라고 주장할까?

물론 앞에서 든 사례에도 불구하고, 여전히 많은 독자들은 기업가들의 두 번째 말이 더 합리적이며 맞는 말이라고 믿을지도 모르겠다. 그러나 왜 경제 분석은 기업을 운영하는 것과는 전혀 다른 개념과 완전히 다른 방식의 사고를 요구할까?

이 질문에 대답하기 위해, 나는 성공한 비즈니스적 사고와 뛰어난 경제 분석 간의 사고의 깊은 차이를 설명하려 한다.

근본적으로 사업 전략과 경제 분석 간의 가장 큰 차이는 아무리 큰 기업도 매우 개방적인 시스템open system, 선택의 가능성이 있는 상태이라는 것이다. 세계 무역의 성장에도 불구하고, 국가 경제는 대체로 폐쇄형 시스템closed system, 선택의 여지가 없는 상태이다.

기업가는 폐쇄형 시스템에 대해 익숙하지 않다. 그에 비해 경제학자들은 익숙하다.

폐쇄형과 개방형 시스템의 차이를 설명하기 위해 몇 가지 비경제적인 예를 들어보겠다. 고형폐기물solid waste, 불용성 물질 폐기물을 생각해보라.

매년 미국은 재활용하거나 태울 수 없는 고형폐기물을 평균적으로 1인당 반 톤 정도를 발생시킨다.

그럼 무슨 일이 일어날까?

고형폐기물은 모아져 미국 내 어딘가로 보내진다. 내가 사는 지역의 주민들은 민간폐기물 처리 서비스를 이용하려고 하지만, 매립지를 제공하려고는 하지 않는다. 쓰레기 처리 서비스를 이용하는 것은 다른 지역에 쓰레기를 버릴 수 있는 권리를 얻는 대신에 수수료를 지불해야 한다.

이는 쓰레기를 버리는 요금이 매립지를 곁에 두고 있는 도시보다 더 높다는 것을 의미한다. 그렇다 해도 그 도시의 지자체는 그런 선택을 한다. 그것은 그 지역 내에 흉한 쓰레기장을 갖지 않기 위해 기꺼이 비용을 지불할 용의가 있다는 것이다.

각각의 도시는, 그 선택이 가능하다. 하지만 미국의

모든 도시와 모든 주가 같은 선택을 할 수 있을까?

우리 모두가 자신의 쓰레기를 다른 곳으로 보내려는 것이 가능할까? (제3세계로 쓰레기를 내보낼 수 있다면 몰라도)

물론 아니다. 미국 전체로 본다면, 말 그대로 '쓰레기장이 있는 곳, 쓰레기장이 없는 곳'이라는 원칙이 적용될 수밖에 없다. 국가는 고형폐기물을 묻어야 할지 말아야 할지가 아니라 어디에 묻어야 할지를 선택해야 한다.

고형폐기물 처리에 있어서 각 도시는 선택의 여지가 열려 있다고 하더라도, (개방형 시스템) 미국이라는 국가는 그 여지가 없어 선택의 가능성이 닫혀 있는 것이다.[19] (폐쇄형 시스템)

역주 19. 각 도시는 고형폐기물 처리에 있어서 그 선택이 열려 있지만, 국가는 선택의 여지가 없다. 마찬가지로 기업은 어떤 사업의 분야에 뛰어들거나, 포기하거나, 하다가 그만두거나 하는 선택의 여지가 항상 열려 있다.
따라서 사업을 하는 데 적용되는 일반 원칙은 국가 경제를 운영하는 데 적용하는 것과는 다를 수밖에 없다.

이와 같은 문제는 아주 분명한 예다. 앞에 든 예보다는 덜 분명하지만 여기에 개인적인 또 다른 예가 있다. 예전에 나는 주차 환승park and ride, 버스나 지하철역까지는 자가용으로 간 후, 대중교통으로 갈아타 도심으로 통근하는 방식을 하며 출퇴근을 한 적이 있다.

매일 아침, 대형 주차장까지 운전한 후에 다시 시내로 들어가기 위해 대중교통을 이용했다. 불행하게도 차고는 충분하지 않았다. 한두 번이 아니라 차고가 늘 가득 차 있었다. 늦게 온 통근자들은 어쩔 수 없이 회사까지 줄곧 운전을 하고 가야 했다.

얼마 후 나는 8시 15분쯤에 주차장에 도착한다면, 주차 공간이 항상 비어 있다는 사실을 깨달았다.

이 경우에 각 개인별 통근자들에게는 개방형 시스템이 된다. 그들은 일찍 주차장에 도착함으로써 주차 공간을 차지할 수 있다. 그러나 통근자 전체가 똑같이 그렇게 할 수는 없다. 모두가 일찍 도착하여 공간을 얻기 위해 노력한다면, 차고는 더 빠르게 채워질 뿐이다! 집단으로서의 통근자들에게는 적어도 주차에 관한 한 폐쇄형 시스템이 되고 만다.

이것이 기업과 경제와는 어떤 관계가 있을까?

기업들은 —심지어 아주 큰 기업들도— 일반적으로 개방형 시스템이다. 예를 들어, 회사가 운영하는 모든 사업 분야에서 고용을 동시에 증가시킬 수 있다. 회사 전반에 걸쳐 투자도 증가시킬 수도 있다. 기업이 참여하는 모든 시장에서 높은 점유율을 추구할 수도 있다.

그러나 일반적으로 조직의 경계가 모두 활짝 열려 있는 것은 아니다. 그래서 어떤 회사는 모든 분야에서의 급속한 확장이 현실적으로 어렵다는 것을 깨달을지도 모른다.

왜냐하면 회사가 재빠르게 적합한 노동자들을 충분히 끌어들일 수 없거나, 혹은 자본을 충분히 조달할 수 없기 때문이기도 하다.

설사 그 회사가 이런 조건이 모두 갖춰졌다고 하더라도 실제 계약을 맺는 것은 어려울 수 있다. 왜냐하면 다른 회사도 좋은 직원들을 해고하기를 꺼리기 때문이다.

그렇다면 어느 기업이 시장점유율을 불과 몇 년 만에 두 배로 끌어올렸다거나 절반으로 떨어졌다는 현상을 어떻게 설명할까? 이런 일이 일어나는 경우는 기업이 개방형 시스템이라는 것 외에 다른 특별한 이유를 찾아볼 수 없다.[20]

역주 20. 어떤 기업은 불과 몇 년 만에 시장점유율이 두 배가 되거나 또는 절반으로 떨어지기도 한다. 하지만 모든 기업에 적용되는 것은 아니다. 그럼에도 불구하고 그런 일이 가능한 이유는, 각 개별 기업은 시장과 고용이 열려 있는 개방형 시스템이기 때문이다.

반면에 국가 경제는 —아무리 미국과 같이 아주 큰 나라의 국가 경제라 하더라도— 폐쇄형 시스템이다. 미국의 기업 전체가 향후 10년 동안 시장점유율을 두 배로 늘릴 수 있을까?[21]

저자 주석 21. 엄밀히 말하면, 미국 내에서 생산하는 기업들의 이야기다. 미국에 본사를 둔 기업들이 해외 현지에 자회사들을 취득함으로써 세계의 시장점유율을 증가시키는 것은 가능하다.

아무리 회사의 경영이 향상되더라도, 시장점유율이 단숨에 두 배가 된다는 것은 불가능하다. 한 가지 이유를 든다면 세계 무역의 증가에도 불구하고, 미국에서 고용뿐만 아니라 부가가치의 70% 이상을 차지하는 것은 소매업 같은 산업 분야에서 일어나기 때문이다.

그런 산업들에 있어서는 수출이나 수입에 대한 경쟁력이 문제가 아니라, 어떤 회사든 다른 회사의 손

실로만 시장점유율을 높일 수 있다.

세계 무역에 뛰어든 산업 분야에서 미국의 기업들은 거시적인 측면에서 평균적으로 시장점유율을 높일 수 있지만, 그것도 수출을 증가시키거나 또는 수입을 감소시켜야 가능하다. 그러므로 시장점유율의 증가는 무역 흑자로 들어서는 것을 의미한다.

우리가 이미 보았듯이, 무역 흑자를 이루는 국가는 반드시 자본을 수출하는 국가다. 산술적으로 간단히 말하면 그렇다. 만약 일반적으로 미국의 회사가 전 세계의 시장점유율을 최소한 5% 정도 확대하려 한다고 가정하자.

5% 확대는 현재 세계의 다른 나라에서 자본을 끌어오는 순 수입국채무국인 미국이, 일찍이 전에 본 적이

없는 규모의 자본을 내보내는 순 수출국채권국이 되어야 한다.

이러한 시나리오가 타당해 보이더라도 현실적으로는 가능하지 않다. 미국의 기업들이 얼마나 기업을 잘 운영하는지 상관없이 시장점유율을 1% 혹은 2% 이상도 확대시킬 수 없다는 사실을 인정해야 한다.

기업가들은 경제학자의 경제 분석에 거부 반응을 일으킨다. 왜냐하면 그들은 개방형 시스템에서의 사고에 익숙해져 있기 때문이다.

다시 두 가지 예로 돌아가면, 기업가는 수출이 직접적으로 일자리 창출로 이어진다고 본다. 그리고 그

것이 수출의 가장 중요한 부분이라고 말한다.

그들은 고용이 높을수록 금리가 오른다는 것은 인정하면서도, 경제학자의 경제 분석은 불확실하고 쓸데없는 우려라고 생각한다.

그러나 경제학자는 고용이 폐쇄형 시스템이라는 것을 알고 있다. 수출이 증가해서 일자리를 얻는 노동자들은 일찍 주차장에 도착함으로써 주차 공간을 확보하는 주차환승 통근자들과 같다. 반드시 누군가의 비용으로 그 일자리를 얻을 수밖에 없다는 것이다.

그리고 무역수지에 대한 외국인 투자의 효과는 또 어떤가?

다시 말해, 기업가는 외국인 투자가 특정한 산업에

서의 경쟁력에 직접적인 효과를 미칠 것이라고 본다. 그들은 자본의 흐름이 환율, 가격 그리고 그 밖의 것에 미치는 효과를 특별하게 신뢰하거나 중요하지 않다고 생각한다.

그러나 경제학자는 국제수지가 폐쇄형 시스템이라는 것을 알고 있다. 자본의 유입이 항상 무역 적자와 일치하고, 그래서 자본의 유입이 증가하면 반드시 무역 적자의 증가로 이어질 수밖에 없다는 것이다.

비즈니스와 국가 경제에서의 피드백

기업과 국가 경제의 차이점을 바라보는 또 다른 방법이 있다.

왜 어떤 특정한 경제적 쟁점들은 다른 사람들보다 기업가들에게 더 인기가 있는지, 그 이유를 설명하는 데 도움이 될 수 있다.

기업 같은 개방형 시스템은 일반적으로 국가 경제

처럼 폐쇄형 시스템과는 다른 종류의 피드백을 경험하기 때문이다.

가상의 예를 들어 이 개념을 설명하면 이렇다.

위젯widgets과 기즈모gizmos라는 두 개의 주요한 사업 라인을 가진 회사가 있다고 가정해보자. 그리고 위젯의 매출이 예상치 못한 성장을 경험한다고 가정하자.

그 성장이 그 회사의 전체 매출에는 어떤 영향을 미칠까?

위젯의 판매 증가가 기즈모 사업을 돕는 것으로 이어질까 아니면 해를 입히는 것으로 끝날까?

많은 경우에 있어서, 그 대답은 어느 쪽도 큰 효과가 미치지 않는다는 것이다. 간단히 말하면 위젯 분야에서 노동자들의 고용은 늘어나고, 회사가 보유하는 자금이 더 많아지게 된다는 것이다. 그것은 그저 그럴 뿐이다.

물론 이 이야기를 더 길게 이어나갈 수도 있다. 장기적으로 위젯의 매출 증가가 여러 가지 방식으로 기즈모 사업에 도움을 줄 수도 있고 아니면 해를 끼칠 수도 있다.

위젯 사업의 수익이 기즈모 사업의 확장에 필요한 현금이 흐르도록 도울 수 있다. 위젯 사업의 성공에서 얻은 경험이 기즈모 사업에 전이도 가능하다. 위젯 사업의 성장이 R&D에 더 많은 투자가 가능해짐으로써 두 분야에서 이익을 함께 창출할 수도 있다.

반대로 다른 한편으로는, 급속한 성장이 회사의 자원을 무리하게 사용할 수 있다. 그래서 위젯 성장의 일정 부분이 기즈모 분야의 비용으로 충당될 수도 있다.

어쨌든 기업에서 한 분야의 성장이 다른 부분에 미치는 간접적인 효과는 원칙적으로 모호하기도 하고, 또 실제로 판단하기도 어렵다. 라인이 다른 사업들 사이에서의 피드백이 모호하기 때문이다.

그래서 자원에 대한 시너지 효과를 일으키게 될지 혹은 자원에 대한 경쟁을 해야 할지 포착하기 어렵다는 것이다.[22]

역주 22. 이는 결국 한 기업에서 어떤 분야의 매출이 증가하면 확실한 것은 자금이 원활해지고, 그 분야에서의 고용이 증가한다는 사실이다. 이것은 기업이 개방형 시스템이기 때문에 가능하다.
그러나 한 분야의 매출 증가가 다른 분야에서도 시너지 효과를 일으키게 될지 아니면 오히려 해를 끼치게 될지 포착하기 어려운 것은, 개방형 시스템에서는 그 피드백이 모호하기 때문이다.

반면에 국가 경제 차원에서 급속히 성장하는 주요한 수출 분야가 있다고 가정해보자. 만약 그 산업의 고용이 증가하고 있다면, 그것은 일반적으로 다른 산업에서의 비용으로 발생하고 있는 것이다.

이때 만약 국가가 자본의 유입을 감소시키지 않는

다면, 한 분야의 수출 증가는 앞에서 말한 국제수지 표에 의해 다른 수출에서의 감소와 일치하거나 혹은 다른 수입에서의 증가와 일치하게 된다.[23]

역주 23. 앞에서 말했듯이 무역수지와 자본수지는 국제수지의 일부이며, 어떤 국가의 국제수지 전체는 —무역수지와 자본수지의 불균형을 통해— 항상 균형을 이뤄 항상 제로0이기 때문이다.

이처럼 국가 경제 차원에서 어느 한 분야의 수출 증가가 다른 산업에서의 고용과 수출에 미치는 피드백은 대부분 강하고 부정적이다.

이와 같이 국가 경제에서의 피드백은 대체로 부정

적이다. 더더욱 국가 전체의 고용이나 무역수지에서의 어떤 개선 가능성을 거의 완벽하게 없애 버린다.

왜 그럴까?

고용과 국제수지는 폐쇄형 시스템이기 때문이다.

개방형 시스템인 기업의 세계에서 피드백은 대체로 미약하고 거의 항상 불확실하다. 반면 폐쇄형 시스템인 경제의 세계에서 피드백은 대체로 아주 강력하고 매우 확실하다.

그 차이가 전부는 아니다. 기업의 세계에서 피드백은 대체로 긍정적이다. 그러나 국가 경제의 세계에서 피드백은 항상은 아니더라도 대체로 부정적이다.[24]

역주 24. 이처럼 기업과 국가 경제의 차이점은 '피드백'에서도 극명하게 드러난다. 이를 정리하면 기업 세계는 개방형 시스템이면서, 그 피드백이 대체로 미약하고 불확실하다. 그러나 국가 경제의 세계는 폐쇄형 시스템이면서, 그 피드백이 대체로 강력하고 매우 확실하다. 그래서 선택의 여지가 별로 없다.

또한 기업의 세계에서 피드백은 대체로 긍정적이지만, 국가 경제의 세계에서는 대체로 부정적인 편이다.

다시 한 번, 어떤 한 분야의 사업이 활성화되어 기업에 미치는 효과와 그것이 국가 경제에 미치는 효과를 비교해보자.

기업에서 한 분야의 성공은 회사의 재무, 기술, 마케팅 기반을 확장시킨다. 때때로 그 회사가 다른 분야의 사업을 확장하는 데도 도움이 된다. 한 분야에서 성공한 기업은 다른 분야에서 일하는 사람들을 고용하여 새로운 분야의 사업에 도전할 수도 있다.

그러나 국가는 수많은 상품을 생산하고 판매하는 기업들로 이루어졌지만, 국가 경제 차원에서 보면 국가 경제 안에서의 경제 부문 간 피드백은 대체로 부정적이다.

그래서 한 분야의 산업 확장은 다른 산업으로부터 자본과 노동 자원을 빼앗아간다.[25]

역주 25. 기업이 한 분야의 비즈니스에서 성공하면 그 회사의 재정적, 기술적 시장 기반이 넓어지기 때문에 더 많은 고용을 할 수도 있고 다른 분야에 진출할 수도 있다.
그러나 어떤 기업이 아무리 사업을 확장하고 고용을 늘린다고 하더라도, 국가 경제의 차원에서 보면 한 분야의 사업 확장은 다른 산업으로부터 자본과 노동이 이동한 것에 불과하다는 것이다.

물론 국가 경제에서도 긍정적인 피드백들의 예가 없는 건 아니다. 가끔씩 특정 산업이나 혹은 관련 산업군 안에서 보게 되는데, 특히 그 산업들이 지리적으로 집중되어 있는 경우에 더욱 그러하다.

예를 들어, 금융의 중심으로 떠오른 런던과 엔터테인먼트의 중심으로 떠오른 할리우드는 분명히 긍정적인 피드백이 작동하는 사례들이다. 그러나 이러한 경우는 보통 특정 지역이나 특정 산업에 한정된다.

국가 경제의 차원에서는 일반적으로 부정적인 피드백이 지배적이라고 할 수 있다.

그 이유는 분명하다. 개별적인 지역이나 산업은 전반적으로 세계 경제는 제쳐 두고라도 국가 경제보다 말할 것도 없이 훨씬 더 개방형 시스템이다.

개별적인 산업이나 혹은 산업군은 다른 경제 분야에서 노동자들을 끌어들일 수 있다. 그래서 만약 한 분야의 산업이 잘된다면, 고용이 그 산업에서 뿐만 아니라 관련 산업에서도 증가한다.

그 결과 첫 번째 산업을 더 강화시키게 되고 다른

기타 여러 가지 측면에서의 성공을 촉진하게 된다. 만약 이렇게 특정 관련 산업군의 차원에서만 본다면, 긍정적인 피드백이 작용하는 것을 볼 수 있다.

그러나 국가 경제 전체에 있어서, 그 지역의 (혹은 특정 산업군의) 긍정적인 피드백은 다른 곳에서의 부정적인 피드백과 일치하거나 더 큰 부정적인 피드백을 불러일으키게 한다. 어떤 한 산업이나 혹은 산업군으로 들어오는 초과 자원은 다른 곳으로부터 들어올 수밖에 없다. 이는 곧 다른 산업들로부터 자원이 유입된다는 것을 의미한다.

기업가들은 부정적인 피드백들이 강력하게 작동하고 있는 국가 경제 시스템을 이해하는 데 익숙하지 않거나 혹은 불편해 한다. 특히 그들은 개별적인 기업이나 혹은 산업의 관점에서 경제를 바라보는 데 익숙해져 있다.

그들의 입장에서 보면 미약하고 불확실하게 보이는 효과들이 —고용의 감소가 평균 임금에 미치는 효과 혹은 외국인 투자의 증가가 환율에 미치는 효과 같은— 국가 경제를 추진할 때, 정책에 결정적으로 중요하다고 보는 방식을 아주 불편해 한다.

“

정치 지도자들은

불가피하게 많은 문제들,

특히 돈이 결부된 문제들에 대해

기업가들의 조언을 구한다.

이때 기업을 운영하면서 얻은 성공 경험을,

국가 경제에 조언해야 할 것과

하지 말아야 할 것을 구별하는

적절한 감각을 가져야 한다.

”

대통령은 무엇을 해야 하나?

기업의 성공을 존중하는 사회에서, 정치 지도자들은 불가피하게 —그리고 마땅히— 많은 문제들, 특히 돈이 결부된 문제들에 대해 기업가들의 조언을 구한다.

그러나 이때 우리가 바라는 것은 오직 하나다. 기업을 운영하면서 얻은 성공 경험을, 국가 경제에 조언을 해야 할 것과 하지 말아야 할 것을 구별하는 적절한

감각을 가져야 한다는 것이다.[26]

역주 26. 국가가 추진하려는 경제 정책에 기업가들로부터 조언을 구할 때, 대통령은 조언을 구해야 할 것과 구해서는 안 될 것을 구별하는 감각을 가져야 한다. 또한 비즈니스 세계에서 성공한 기업가라도 국가 경제에 대해 조언을 할 때, 조언을 해야 할 것과 하지 말아야 할 것을 구별하는 감각을 가져야 한다.
왜냐하면 국가는 회사가 아니기 때문이다. 그러면서 크루그먼은 케인스의 예를 들고 있다.

1930년 세계가 대공황으로 접어들 때, 존 메이너드 케인스는 경제 위기를 완화시키기 위해 대규모 통화 팽창 정책을 요구했다. 그는 금본위제에 집착하던 은

행가들의 조언이나 혹은 생산량을 제한함으로써 가격을 올리기를 원했던 제조업자들의 조언이 아니라 경제 분석을 바탕으로 한 정책을 호소했다.

'왜냐하면 —아무도 이를 믿지 않겠지만— 경제는 전문적이고 어려운 주제'[27] 라고 생각했기 때문이다. 그의 조언을 따랐더라면, 최악의 불황이 가져온 참극은 피할 수 있었을 것이다.

저자주석 27. 존 메이너드 케인스, 《설득의 에세이》에 실린 〈1930년의 대공황〉, 뉴욕, 노턴, 1963.

케인스가 옳았다. 경제는 어렵고 전문적인 주제다. 뛰어난 경제학자가 되는 것이 뛰어난 기업가가 되는 것보다 더 어렵다는 것이 아니다. (사실은 아마도 경쟁이 덜 치열하기 때문에 더 쉽다.)

그러나 국가 경제와 비즈니스는 동일한 주제가 아니다. 어느 한 쪽의 전문가가 다른 한 쪽의 전문가가 되기는커녕 이해하는 것도 장담하지 못한다. 성공한 기업가가 군사 전략가가 될 가능성보다 경제 전문가가 될 가능성은 더욱 없다.

다음에 혹시 여러분이 기업가들이 경제에 대해 자신의 견해를 제안하는 소리를 듣게 되면, 스스로에게 물어보라.

그들이 이 주제에 대해 많은 시간을 갖고 탐구를 해보기는 했겠는가?

경제 전문가들이 쓴 글을 읽어는 보았겠는가?

그렇지 않았다면, 그들이 사업을 얼마나 성공했든 신경 쓰지 마라. 그들을 무시하라. 어쩌면 그들은 무엇에 대해 말하고 있는지도 전혀 모르기 때문이다.

하버드 비즈니스 리뷰 클래식 ①

국가는 회사가 아니다

지은이 폴 크루그먼
펴낸이 이종록 펴낸곳 스마트비즈니스
스태프 형유라, 박정례
등록번호 제 313-2005-00129호 등록일 2005년 6월 18일
주소 서울시 마포구 성산동 293-1 201호
전화 02-336-1254 팩스 02-336-1257
이메일 smartbiz@sbpub.net
ISBN 979-11-85021-39-3 03320

초판 1쇄 발행 2016년 03월 21일